伊东丰雄　美的建筑使人汇聚

——漫话我的建筑人生

胡佳林　张天昊　译

上海　同济大学出版社

摄影：藤塚光政

写在《美的建筑使人汇聚》中文版出版之际

本书将我的随心漫谈结集成册，记述了我从小的生活和体验以及走上建筑道路后的思考轨迹。

我在少年之时，其实并未有过成为建筑师的梦想，即便是在考大学时，也只想着打棒球，导致高考失利，于是才放弃了棒球。如果当时考试合格了，想必就会进入文科专业学习，也就当不成建筑师了。

回过头看，成就如今自己工作与生活的是几个细微的决策。我有时会想，如果当时做出其他的决定，或许便会踏上完全不同的人生旅途呢。

实现一个建筑项目的过程可以类比于人生的过程。自己最初画下意象草图，会由于意料之外的事态而完全改变了方向，这可谓是常有的事情。虽然发表建筑的时候通常是以个人的名义，但完全由一个人来创造是不可能的——客户、负责项目的员工、合作的工程师，以及施工单位的工匠师傅们，在和他们不断的对话中建筑才得以逐渐成形。如果直接将我最初画的意象草图不经加工便落实成建筑，想必也会索然无味吧。在我的观念中，最初的意象草图在和他人的相遇与交流中发生变化，这种变化本身是积极的，因为方案可以变化成我自己从未设想过的样子乃是真正富有创造力的体现。话虽如此，虽然在一个建筑项目实现的过程中，方案几经变化，但背后蕴藏的建筑思想却是不变之物。如果连思想本身也变化不定的话，以个人之名成就的建筑便会失去其成立的根本。

基于同样的考虑，一个人的一生中，无论工作或者生活如何变迁，在其背后也必定有着某种不变之物，而这种不变之物也许可以等价于建筑中的思想，我们亦可将其称之为“自我”（ego），即自己区别于他人的特质。我如今能够作为建筑师这件事，既是一系列偶然事件的结果，也可能是自己心中的不变之物与命运间的关联所成就。所谓人生，诚然不可思议。

我将本书起名为《美的建筑使人汇聚》。以仙台媒体中心为代表，至今为止我们设计了许多公共建筑，这些建筑中每天都会人来人往，热热闹闹；但是，仙台媒体中心能称之为“美的建筑”吗？仙台媒体中心之所以能够让许多人愿意过来，是因为其墙壁很少，被称为“管柱”的如同粗壮树干一般的结构体创造出了多种多样的场所，人们如同在公园之中散步一般，可以自由地选择自己愿意停留的地方。也就是说，即使人们身在建筑内部，也能有如同在建筑外部一般的体验。也许，像这样“让人感知到外部的内部”的特质是和“美的建筑”有所关联的吧。

在我们周边建成的绝大多数建筑都是现代主义建筑，即基于 20 世纪初叶以来的现代主义思想而形成的建筑。当时随着都市发展，人口集中的问题日益严重，使用工业技术造就以合理性、功能性为先的建筑乃是现代主义建筑之起源。以密斯“少即是多”（less is more）的言论为代表，推崇简洁明快的美学思想应运而生。

然而，现代主义思想是西方的舶来品，认为通过技术手段可以征服自然。与之相对，我们亚洲人倾向于认为人类是自然的一部分，自然是让人既热爱又敬畏的存在。即使在被现代主义思想浸透的今日，我们依旧保持着想亲近自然的强烈愿望。

生活在今日的我们，难道不应该试着去突破现代主义思想的桎梏吗？难道不应该去建立和简单的功能之美有所不同的、植根于我们自身身体感觉的美学吗？我诉诸“美的建筑”这个词语，意在寻求超越现代主义的、和自然亲密无间的建筑之美。

最后，对于推荐本书出版中文版并担任翻译工作的胡佳林女士，以及提供大力支持的同济大学王方戟教授、同济大学出版社编辑武蔚女士，我表示深深的感谢。

伊东丰雄

2021 年 3 月 16 日

目录

序

2019 年新年刚过不久，1 月 15 日的早晨，我在自己家里倒下了，被救护车运走，病名为“脑干梗塞”。

所幸，这次生病对记忆和言语没有造成任何不良后果，只是造成了身体的两处障碍：一处是破坏了身体的平衡感，继而导致了步行障碍；另一处则是吞咽障碍。为了改善这两处障碍，我进行了持续的康复健身。3 个月后，我可以使用拐杖走路，也可以开始食用流质食物，于是，出院。然而，同年 9 月份又在家里摔倒，导致骨折，结果不得不再次住院 1 个多月。

我现在已经恢复到可以正常饮食了。我在自己家中持续疗养，同时也会以每周两三次的频率去事务所。虽然我会外出走动走动，但倘若没有拐杖的话，我就会变得非常不安。这些全部都是我未曾料想过的初次体验。

在这段时间里，所有的讲座以及事务所以外的会议都中断了，我因此拥有了大量的时间。在住院时偶有失眠的时候，便借机在深夜中再次思考了生平经历的种种。

我回顾了过去做的建筑——到现在为止，自己是以怎样的思考来做建筑的呢？所谓建筑又究竟是什么呢？我开始试着思考这些极为原初的问题。

经过这些时间，我反复从自己内心深处发问，最终得以清晰地看见，在我心中何谓“未曾改变之物”，何谓“迸发自心灵深处之物”。我终于明白，其实直截了当地追逐心中所求就好了，但过去的自己有时候会故意做出反向的尝试，以此来证明其他道路是行不通的。

经过这次生病，我待人接物的方式发生了很大的变化。走到站台，乘坐新干线——这个极为简单的动作在以前什么都不用想就重复过千万遍，但现在却深切意识到其中的不易。走在身边的人们的步伐会接连超过我，自己原来是个弱者啊——我生平第一次如此强烈地感受到。

去援助东日本大地震受灾地的时候，我曾是抱着去支援的心态，抱着想重新思考建筑的想法而去。现在看来，当时真是太天真了。当时的我并没有和受到灾害的人们并肩站在一起，并没有站在他们的立场之上。我渐渐发觉，如果能换作今天的自己，一定可以站在和他们同样的立场去思考建筑。

很快，我的建筑事务所就要成立 50 年了。作为一名建筑师，不，作为一个人，我还能再做些什么呢？我不再想强调作为建筑师的自己和他人有着多么不同的思考方式，而是作为一个人，在和他人取得尽量多的共情之下，是不是也能思考建筑？我无比渴望证实自己的想法。

“想变得更加温柔，用更加温柔的视线去思考建筑”——也许这种想法会被认为索然无味、徒劳无功，但依旧是我心之向往。“温柔”并非意味着站在卑微的立场去思考，与之相反，是想让自己变成更为强大的存在。

虽然现在的身体不如往昔矫健，但至少我想让自己的思想变得比以往更为灵活。怀抱着这种想法，直面从今往后的建筑，我还想再加一把劲，努力尝试。

如同飞虫在花朵与花朵之间传播花粉一般，冠状病毒在人与人之间游荡往复。对于病毒而言，人类并非作为个体而存在，人类也不过就是接续在自然中的一部分而已吧。

深夜病房所思

——从「中野本町之家」到「台中歌剧院」的一次轮回

属于我们自己的明日之城

在东日本大地震之时，我为受灾地设计了几处名为“大家的家”的集会场所。这些建筑被建造在临时住宅的基地里，无论是谁都可以轻易地进入使用，是如同客厅又如同房屋外侧廊下的休憩场所。

地震发生之后，我虽然没有受到任何人的委托，但我相信作为一名建筑师一定有帮得上忙的地方。于是，我带着当时刚刚招募入学“伊东建筑塾”的学生们一起奔赴受灾现场。

达到釜石[1]后的第一天早上，我对当地的人们说：“在接下来的三天里，让我们一起交流交流，一起想想办法吧。”没有料想当地人却不耐烦地回答：“你们这些家伙都是来干嘛的啊！”“这儿不需要你们帮忙想办法。我们的地方，靠我们自己就能重振旗鼓。”……在那一刻，我猛然发觉，像我们这样的建筑师是多么不被当地人所信任，多么不被他们所需要，虽然在那之后的三天里，通过不断的交流与对话，我们慢慢地赢得了他们的信赖。

译者注

1 釜石位于日本岩手县南部，是 2011 年发生的东日本大地震的主要受灾地之一。当时，城市被地震引发的巨大海啸席卷，防汛墙遭到破坏，死者超过 1000 人。

其实，最早建造的“大家的家”并不是在釜石，而是在仙台的宫城野区，这个建筑深受当地人喜爱，甚至称得上是“大受欢迎”。然而，这种“欢迎”并非源于“当地居民是否参与一起做建筑”或“能不能有效地推进想法的共享”这样的深层次认同，而是仅仅源于当地居民们的善良，或者说他们认为我是个好人，所以才对这个建筑表示了欢迎。虽然在“连接民众”这个意义上而言，这可能也是个不错的方法，但到底我还是认识到了作为建筑师的无力感。

位于仙台市宫城野区的“大家的家”是一个小小的木屋，有着带烟囱的斜坡屋顶。和我至今为止的建筑作品的风格都相去甚远。

当时我只是想着，就算做出和以前一直思考的建筑有所不同的东西也很好啊，却被员工质疑：“做出这样像是木匠做出来的建筑，真的好吗？”但我想，有一两个这样的建筑也未尝不可吧，也不会改变什么，反正也不算自己的作品。总之，快点做出一个像是传统民居一样的屋子就好了嘛。如今想来，我认为恰恰是这种时候才应该要做出自己最好的作品，并被受灾地的人们完全接受，被赞赏，被喜爱。这让我重新意识到，所谓“自己的建筑”切不可一成不变。

也就是说，仅凭当时的思考，我是无法理直气壮地对那些受灾地的人们说“这是我最好的建筑”。

我开始意识到，我们虽然无法在一朝一夕之间就改变自己的建筑，但一定要持续不断地长期思考，渐渐地去改变。

在那时，复兴计划连眉目都没有。我想受灾地的民众在很短的时间内想象出来的属于自己的明日之城，肯定是一座非常美丽的城市吧。属于他们的明日之城既不是过往城市的再现，更不是现在正在发展中的城市样貌。与其说是“理想的”，不如说是由自己的“心像风景”投射而出的城市吧。这个前景在瞬间，于我的脑海中一掠而过。

结果，我们提出的复兴计划全军覆没，一个都没有被采用。除了作为建筑师的无力感，我还深刻地认识到了政治的壁垒。这样下去，我们还能将“大家的家”推进落实吗？

正因为有如此种种困难，我才更加觉得从今往后思考城市或者建筑之时，我们必须在真正意义上和居民们共有城市的意象，哪怕那个意象如昙花一现，只在一瞬间存在。另外，我也持续思考着，这样的“共有”要如何达成。

明明不被需要，却依旧被建造

我们这一辈人都接受了以现代主义理论为基础的建筑教育。20 世纪之初，“现代主义建筑之父”勒·柯布西耶曾经叙述了未来的建筑和城市有多么美好，真是熠熠生辉；但是，恐怕如今现代主义的语言已然失去了它当初的光芒，接纳了现代主义的社会也随之一变。甚至，现代主义建筑总是和经济全球化的理论捆绑在一起，可将其视为一种堕落。以东京涩谷再开发项目为代表，经济活动成为建造建筑的唯一动机。

明治时期之后的百余年间，日本不断推进现代化，经历了剧烈的社会变革。在江户时代，城市原本以非常贴近人体尺度的低层建筑为主，但在极短的时间内，快速转变成钢筋混凝土之城，高楼鳞次栉比，统领了城市的风貌。

最为理想的建筑和城市是以现代主义为理论基础的——我们在这种思想的灌输下成长为建筑师。我们相信只要以工业化为目的去设计、建造建筑和城市，就能实现空间之丰富多样与社会之繁荣富饶。我们曾朝着那个方向兢兢业业、不断努力地探索。

长此以往，我们的美学观点也在潜移默化之中被置换。比如说，对于“在屋檐之下堆着柴的风景”，我们虽然会觉得这个画面极为美丽动人，有着深远的意境，但不知不觉间，我们的美学观点会更倾向于认为“没有屋檐的住宅”才更胜一筹。我们的美学观点被置换——要尽量抽象、简洁，不要有凸出和凹进；如同“箱体”一般的建筑才是最好看的；要平屋顶，表面平滑。

加之，当建筑被高层化、层叠化到一定程度之后，采用

位于仙台市宫城野区的“大家的家”第 1 号，占据了临时住宅基地内的一角。临时住宅被拆除后，该建筑也于 2017 年被移筑到新浜地区，继续使用　摄影：伊藤トオル

平屋顶的形式变得势在必行。因此，我们所认识的在现代之前的传统建筑和以外来传入的现代主义为思想基础的现代建筑，这二者之间的鸿沟无论如何都无法填补。随着城市大规模的建造，这个鸿沟被撕扯得越来越大，最终导致林立的超高层建筑成为现代都市的底色。

到 20 世纪 70 年代为止，供求关系在以物品价值为基准的经济系统中循环往复，但现在却超出了这个层面。名为“全球化”的经济系统如同巨大的齿轮转动着，催生了明明不需要建筑却不得不持续建造的矛盾。人们一方面觉得有些建筑是毫无必要的，也毫不珍视它们，另一方面却持续不断地大兴土木。我通过这次的东北赈灾项目，更是对这种“虚妄”产生了深深的厌恶。当我问起是为了什么要建高防波堤时，得到的比较极端的回答是，为了经济，而并非为人民。

一般我们谈论起建筑，“有什么功能”“是不是好用”，往往成为判别其好坏的标尺。然而在受灾地，不使用这把标尺去评判建筑的人比比皆是。我想，倘若给他们箱体一般的、团地[2]一般的现代建筑作为灾害公营住宅，他们也未必会感到高兴吧。

译者注

2 在日本城市化过程中，大量兴建的密集且廉价的集合住宅小区。

现代之前和当代的连接点

我们完全接受了现代生活；但是，当我们问起，所谓“日本之美”究竟为何，肯定不会有人回答：“我们现在的生活是最美的。”日本之美不存在于日常之中，而是存在于别处，存在于过去。桂离宫优雅、娟秀，但和自己的生活却是毫无关联的。

然而，当我们反观食物时，在我们的目光中，不仅有西点，和式点心也精致可人，更不用说寿司了。即使我们周遭都被现代生活所包裹，但从过去到现在，寿司依旧那么美味，甚至越发美味。与之相反，建筑不像食物，无法将过去之美直接延续到现在。

至今还生活在日本传统木造住宅里的人，想必只是凤毛麟角吧。大多数的人论及这种传统建筑，可能会说“住过日式旅店，泡泡温泉真是舒适啊”——到如此程度而已。这种自相矛盾的双重生活如果依旧被广泛接受，那么我觉得日本建筑的未来发展是有局限的，更加无法在真正意义上认同和赞赏日本建筑有多厉害，有多新颖。

在建筑领域，日本的现代建筑在世界范围内享誉甚高，但我们要清楚，那只不过是对现代主义的“试炼”而已。有“建筑界诺贝尔奖”之称的“普利兹克奖”，获得过此奖的日本人共有 7 组[3]，我是其中之一，但其实这只不过是“这些家伙做得还不错啊”——这种程度的认可而已。也许对于西欧建筑师而言，他们的潜台词是：虽说现代主义是我们的成果，但你们这些东洋人居然做得还挺好。对此，我觉得心有不甘，想摆脱这种困境，所以我们必须将日本现代化之前的古老传统和当今的社会进行连接。我最近总是在想，如果真的可以顺利地在某些地方将二者打通的话，这样做出来的建筑肯定能获得受灾地人们的赞赏吧。

让我们再一次重新思考有关历史和地域性的问题，在现代之前的思想和使用现代技术的建筑之间找到连接点，并将其融为一体。说句肺腑之言，我现在的建筑便是以之为设计目标。

译者注

3 至本书出版为止，日本建筑师共获得过 7 届“普利兹克奖”，分别是：丹下健三（1987 年）、槙文彦（1993 年）、安藤忠雄（1995 年）、妹岛和世 / 西泽立卫（2010 年）、伊东丰雄（2013 年）、坂茂（2014 年）、矶崎新（2019 年），总共 8 人，其中妹岛和世与西泽立卫作为组合获奖，故原文用“7 组”。

盘踞于地下的建筑

我在大学毕业之后，进入菊竹清训建筑设计事务所工作。那时，我懂得了一个道理——所谓“建筑”并不是凭借理论思考出来的，而是需要得到“身体性”的认可。同样从那时候起，我开始领略到建筑的有趣之处。

回到这个原点，我再次试着反思以自己身体为依托的建筑究竟为何。在深夜的病房里，我一边翻看着过去的作品集，一边思考。

我亘新意识到，在我的建筑生涯中，初期的作品“中野本町之家”（1976 年）其实占据着重要位置。这是一栋为我姐姐设计的单层住宅，平面呈马蹄形。建筑没有面向外部的窗户，仅仅开了几个面向内部庭院的窗户和天窗，都是小小的，入口也很难找，对于外部世界，是非常封闭的姿态。当时被人评价说，这个建筑像是“建在地上的地下空间”，也有人说是如同“洞窟一般的”狭小空间。

对我自己而言，“中野本町之家”是我第一次调动自己的身体性去思考的建筑实践。如今的我也略微意识到，这种类似潜藏于地下的内向性建筑或许正是源于自己的身体性。

然而，在那之后，我却开始想尝试远离这种身体性。接着刚才的比喻，我试着从地下出来，想到地上去看看。可是实质上，这种试图偏离身体性的意识本身是不得不使用头脑

“中野本町之家”。照片中，位于前方的白色小门是入口

摄影：多木浩二

管道状的内部空间。外部的光线从天窗倾泻而下　摄影：多木浩二

“台中歌剧院”的通高空间

“台中歌剧院”的外观。将蔓延的内部空间切断的截面即成为外观

有意识地去操控的，如此一来，无论怎样做都有种隔靴搔痒之感。从 30 岁开始到现在，我都在这种纠结和迷茫的状态之中兜兜转转，往复循环。

最近，在中国台湾的项目“台中歌剧院”（2016 年）竣工了。这座建筑同样经常被评价说“整体像是洞窟一样”，也许确实和“中野本町之家”有些共通之处。对于这个项目，个中艰辛难以言说，到竣工为止，竟然有 11 年的光阴悄然而过。在这个项目完工之时，我的建筑生涯经历了一个轮回，我的建筑也好像步入花甲之年。

像这样，回首自己的建筑作品，虽然外界评价不尽相同——“流动性的空间”也好，“如同回归体内般的建筑”也罢——如此这般的洞穴空间或许便是自己的本质吧。“下诹访町立诹访湖博物馆·赤彦纪念馆”（1994 年）虽不能被称为“杰作”，但我认为这也是和身体性强烈相关的建筑。

如果非要用言语为之下个定义，我想它便是“位于地上的洞穴建筑”。所谓“洞穴”，也就是只有内部，没有外观的空间。洞穴不存在外形。“中野本町之家”就是如此，在那之后，我其实一直都非常苦恼要如何处理建筑的外观，我一直都觉得如果建筑不需要考虑外观的话，该有多好啊。

我的建筑常常呈现出像是被切成四方形的豆腐一样的外观，虽然从结果上来说也算是外观了，但其实那并不是有意

在故乡诹访湖畔建造的“下诹访町立诹访湖博物馆·赤彦纪念馆”

识造就的，仅仅是由于内部空间向外扩张需要一个结束的切断面而已。在我的建筑中，也许没有所谓“立面”的概念。

与之相对，我其实也没有所谓“室内”这个概念。洞穴是有着出入口的孔洞。因此，我在做台湾项目的建筑说明时，为了方便大家理解，经常将这座建筑比喻为“人体”，就好像人身体内的几个器官相互连接，并通过口、鼻、臀之类的和外界相通，而这个建筑也是由几个管状的连续体构成，通过开口部和外部世界关联。

人类在母体之中是最受保护的时刻，一旦被分娩而出，就会被环境凌虐，继而我们才不得不保护自己。所以，我想是不是出于对安全感的需求，人类总是有着回归母体的渴望？

很久之前，我曾经作为代课老师在早稻田大学授课。当时我给学生出的设计课课题是“做一个自己喜欢的空间”。有意思的是，很多女学生都画出了轻盈的空间，像是漂浮在宇宙中，或是悬挂在树枝上，而男生们画出的空间则更有防御性，比如说深入洞穴的空间，或者周身被铠甲包裹着的建筑等。也许对于男性而言，归回母体的欲望更为强烈，也许，我也有这样的本能欲望。

说说在我的事务所中做建筑设计的过程。首先，我会挑选事务所的几名成员组成一个团队，然后和他们一起讨论，一边进行着各种试错，一边等待着灵感降临的瞬间。不过，有的时候无论怎样苦思冥想，就是找不到合适的意象。反之，每当找到合适的意象而胸有成竹之时，团队里的全体成员会不可思议地达成一致意见。在获得这个基础意象之后，才能够开始进行其他各种设计操作和讨论，并日渐深化。在这个过程之中，我能够清晰地感知到从我的身体性出发的意象逐渐转化为具体的形式。

除了自己的建筑作品，我在参观其他人的建筑作品时，也能够马上判断出来这座建筑是基于理论思考起步的，还是基于身体性出发的。基于理论得出的建筑往往索然无味。建筑的有趣之处看照片是看不明白的，读文章也不能读清楚，只有去现场看，才能体会到。因为建筑原本便是和身体有着深层次的关联。

由日语之暧昧孕育而出的身体性

我认为身体性是由语言培育出来的——“一直使用日语进行思考”这个行为极为深刻地影响了我们的身体性。其实，在很久之前我就一直有着这样的想法，认为这种现象至少在我身上是存在的。现在回过头来看，我的性格中有暧昧的部分，这个部分甚至构成了我自身的某种特质，而这在很大的程度上是受到日语的影响。

比如说，在暧昧性的思考方式里，画一条直线就是在寻求某种确定性。因此对我而言，比起直线，曲线更适合我意。我不喜欢设计四周都是直线的房间，因为它有着非常明确的边界；我很难一下子想到明快的图形。然而，总有不得不做房间的时候，不得不和直线产生关联。对直线的处理会牵扯到几何学的问题。虽然我承认建筑无法脱离几何学，但我总是试图否定单单靠几何学就做出建筑的逻辑。诚然，几何学的必要性是无可厚非的，但在我的意识中总想破坏它，想模糊它，而我的建筑就成立于此二者之间的领域中。

以“仙台媒体中心”（2000 年）为例。这座建筑是由数块水平向的板材以及摇曳向上的管体所构成，这两种造型要素同时发挥作用。如果没有水平向的楼板，建筑无法成立；如果单单强调水平向的楼板，建筑也同样无法成立。我心中常常怀有诸如此类的纠结，虽然会使用直线的元素，但那往往是要被否定的对象。

日语是一门极其暧昧的语言，我时常有被它拯救之感。我在美国做工作项目的时候曾经聘请了专门的日英翻译，有一次，我的语言表达是“我大概是这样想的……”，却被翻译成极为肯定的语气。我也略懂英语，在语句被翻译成特别肯定的意思时，我一边想着“我明明不是那个意思”，一边又想着“能这么肯定地说出来也挺好的”——我总是怀揣着相互矛盾又模棱两可的心情。

在现代建筑的世界里，现代主义掌握着压倒性的话语权。对于西欧人来说，也许他们会认为日本建筑师做的建筑仅仅是位于边缘的一小撮人的努力罢了。虽然这种想法挺自说自话的，但实际上我也不曾想成为什么中心。我只是想在这个被现代化的社会中，寻找到一个和欧洲现代性不同的出口，这个出口一定是基于日本人对身体性的探索。

我想对于今后的时代而言，这样的建筑思想才会为世界所通用的吧。

自我之成形

——从内向的棒球少年到立志成为建筑师

诹访湖中的水平虹

年轻的时候，我不曾认为孩提时代的原风景和自己的建筑有所关联。随着年岁渐长，我反而觉得原初的风景和我的空间感觉有着许多重合之处。

由于父亲在商社工作的关系，我出生在昭和十六年（1941年）的京城（现韩国首尔），对于那时候的事情，我已全然没有记忆了。在离第二次世界大战结束还有 1 年左右的时候，也就是在我不到 2 岁的时候，父亲觉得战事不妙，要我们赶紧先回国，我们便搬回了父亲的故乡——长野县的下诹访町。父亲等到终战前夕，才乘坐飞机逃了回来。

战争刚刚结束，大约有 1 年的时间，我们都暂时寄住在父亲的姐姐家中。那之后，我们在附近建造了一个简陋的木屋，并搬了过去。又过了两三年，大约是我小学四年级的时候，我们搬到了诹访湖畔，而父亲从那时候开始做起了味噌店的生意。也许在身体羸弱的父亲看来，因为味噌店的生意不会轻易被世间的经济情况所左右，哪怕自己早早死去，他也能够将其作为家业传给儿子。

父亲原本是木材商的儿子。我的爷爷原来曾成为町长[1]，但由于在政治方面花费了巨大的钱财，导致自家木材厂破产。父亲只读到初中毕业，毕业之后就只身一人去了京城，在那里通过自身的努力成为三井物产子公司的社长。父亲十分努力、刻苦，他周围很多都是东京大学（后文简称“东大”）毕业的人，于是，他通过麻将、棒球、高尔夫这些活动想方设法融入他们的社交圈。

父亲的为人是那种一旦开始做一件事就会十分沉迷的类型。当时，父亲十分沉迷李朝[2]的陶瓷器，而在那时的京城也能够低价购入。说是收藏，他其实更热衷于研究，对李朝陶瓷器爱不释手，即使是残片也要收入囊中。

战后，我们回到了诹访。在我还是小学生的时候，柳宗悦、伯纳德·利奇 (Bernard Leach) 、滨田庄司之类的名家就曾为鉴赏李朝陶瓷器而登门造访，大概有两三次，他们来到诹访的家中。如今，一部分父亲收集的李朝陶瓷器，捐赠给了我设计的下诹访博物馆。

父亲开始经营的味噌店取名为“鹤屋”。同样喜欢陶瓷

译者注

1 在日本的行政区分中，作为地方自治体的行政单位分别为市、町、村。町长为町的最高行政长官，大约可以等同小规模地方城市的市长。

2 李朝，即李氏朝鲜时代（1392 — 1910）。

器而在京城时代结缘的日本画家山口蓬春先生赠予父亲一幅画，画上有三羽仙鹤在空中飞舞。当时即使是小学生的我，也因这幅绘画之美而心动神摇。这幅画的影像被用作味噌的商品标签，而原画则一直放置在下諏访的家中，作为床之间[3]的屏风。

这个家临湖而建，在院子中可以每日眺望諏访湖的风景。湖面总是平静如镜，冬天的雪覆盖在冰冻的湖面上，美不胜收。

大约到十二月份，气温急剧下降，湖水温度和空气温度之间出现温差，朝霭中氤氲升腾。特别是在晴朗的早晨，在日出之时，西边的湖面上会出现水平状的彩虹，我们将其称之为“水平虹”，如同幻境一般，一年之中只会出现两三次。我曾被父亲早早地叫起，在家中的二层楼上眺望此般风景。

这样的风景，也许就是我的原风景吧。比起真实的自然，更像是某种被净化了的自然在我心中复苏。如今，我正是想将其转化为建筑。

译者注

3 日本传统和式房间中的一个小空间，通常比榻榻米地板高出一阶，是放置挂轴、摆设、插画等装饰的场所。

1 岁半时的作者，摄于下诹访

和小学同年级同学，左 2 为作者

在我的性格中，有着内向的一面。我喜欢画画，也喜欢组装收音机。有一次，比我大三岁的姐姐要去东京，她带着我一起去，当时去了秋叶原，买了很多组装收音机的零件。如今想来，真是有过一段对此非常痴迷的岁月啊。

在我小学六年级的时候，父亲去世的前晚，他对着正在组装收音机的我说："总是在做这些事，你真是非常喜欢呢。"这便是他对我说的最后的话。第二天清晨，我被突然叫醒，当时父亲已经去世，病因是心肌梗死。我还依稀记得在那个十二月份冰冷彻骨的清晨，父亲的两位主治医生来到家中的情景。

我是父亲的"老来子"，既是家中的老幺，也是长男，被宠溺着长大。父亲因为患有高血压，身体很弱，曾想让我学医，如果父亲更长寿一点，会不会一切都不一样？不需要经历和父辈之间的冲突与纠葛便长大成人，或许是唯一值得庆幸的一点吧。

一声不响观察周围的性格

我曾经是棒球少年，初中的时候进入了棒球部。菅沼四郎先生担任棒球部教练一职，他同时也是我初中二年级到三年级时期的班主任。他是从战场上归来的热血青年，我总是惹他生气；但在我初三的时候，他鼓励我说："如果想要将来去东京的话，还是趁早去比较好。”于是，我在初三上到一半的时候，就搬去了东京。

几年前，菅沼老师以 88 岁的高龄长辞于世。直到他逝世前，我们都保持着联络，他经常写信给我，我也时不时登门拜访。只要看到有关我的新闻或是电视节目，他都会联系我说：“看到你出来了哟。”

我还留着那时的成绩单。有趣的是，在学业一栏中，除了歌唱能力是 4 分以外，其余的学科都是满分 5 分；但是，在非学业的项目中，社会行动力是 3 分，创造力也是 3 分。老师经常说叨我，“你学习成绩明明很好，为什么不表现出点领导能力啊。”我从很久以前开始，就是安静地存在，只在一旁看着别人大展身手。老师经常对我的这种性格深感惋惜。

也许是我并非出生在下诹访这一点，在某种程度上造就了我内向的性格。在当地人看来，我们只是远客而已。父亲是真正出生在诹访的人，所以他可能并没有意识到这点，但对于其他家人来说，尤其是对于母亲来说，这种感受是非常强烈的。我虽然和当地的小孩子们打成一片，但一起玩耍时，因为穿着父亲在京城时期的旧大衣改成的外套，所以和当地小孩的打扮总是略显不同。大概就是因为这种细节，我好像总是无法完全融入周遭环境。

我自己渐渐意识到这一点，所以对周围的事物总是倾心观察。也许这本来就存在于我的性格之中，只是通过这些经验被更加强化了。

虽然我在小时候不至于被说成是性格阴郁的孩子，但也绝不是引人瞩目的类型，在家庭中亦如此。姐姐在各方面都更为积极，而我总是保持沉默。

最近在对我的采访中，总是被问道："为什么伊东的建筑事务所能够培育出那么多建筑家呢？"我想，这或许和我喜欢认真观察周围的人与事物有关系吧。虽然我自己会画草图，但同时也会鼓励员工们拿出他们的想法，然后放在一起比选，接着大家一起深化设计。打个比方，如果将那种把自己的想法强加于周围的人比喻为"凸型"，那么我想自己就是"凹型"吧，也就是"吸收"的类型，会在和别人不断沟通的过程中，调整自己的方向。这种做事方法也许和少年时期的性格有着共通之处吧。我内向的性情，到现在也未曾改变。我不喜欢待在人群之中，喜欢独处，不喜欢社交。

我非常热衷于棒球之类的运动。以前打棒球的时候，大家都是赤着脚。我在中学时代短跑速度非常快。记得初二时，我的赤脚跑步成绩是 100 米 11 秒多，是运动会时候的英雄，从未输过。因为我是左撇子，所以在棒球中担任投手。然而，与之相对，我又非常喜欢钻研。性格中一直带有这样的两面性。也许正是因为后者的存在，我才慢慢进入了建筑的世界吧。

用排除法选择建筑

中学三年级的夏天，我来到东京，寄宿在亲戚的家中，进入一所名为“大森六中”的学校学习。在诹访的时候，我可以称得上是尖子生。打个比方，假设全部学科的满分为一千分的话，我总是可以取得九百七十分左右的成绩，而第二名的成绩一般则是在九百分上下。然而，刚刚来到东京的时候，在第一次考试中，我只取得了全年级排名第六十名左右的成绩，当时真是大受打击。我上学的时候，赶上了婴儿潮，学生的数量众多，一个班大约有八十人，一个年级有十一个这样的班，在教室里走动，几乎都没有落脚的地方。

亲戚告诉我，这个中学很好，是在日比谷高中的学区里，初中毕业之后就能进入日比谷高中，所以能在这里学习准错不了。当时觉得我真是来到了一个不得了的地方啊。到了秋天，我的成绩好不容易挤进了前十，但再也没有考到第一名。

进入日比谷高中之后，我越发成为一名普通的高中生。在我那一届，男生有三百人，女生有一百人，加上复读生，一个年级大约能有一百七十人考入东大。当时，即使考上了庆应义塾大学、早稻田大学这样的顶尖学府，都会感觉到有些不入流而自惭形秽。不过，好在那所高中并不是一味注重学习的学校，校风很自由，有许多从东京学艺大学附属高中和东京都立大学附属高中转校过来的同届生。大家都是城市里长大的孩子，光鲜亮丽，而我当时还剃着“杨梅头”，觉得东京人都好聪明，这也令我感到深深的自卑。

反而是入学东大之后，出身乡下的人才多了起来，很多人都是土头土脑的。和我一起住在驹场宿舍的同学，净是一些穿着凉鞋就去上课的家伙。从那时候开始，我的自卑感才渐渐消失了。

进入高中之后，我依然继续打棒球。在决定报考哪所大学时，我在心里盘算着，如果进了东大的话，神宫球场[4]这种程度的比赛应该能轮到我出场吧。因此，我报考了东大的文科 1 类[5]，然后，不出所料地落榜了。我只好暂时放下棒球活动，并在复读的那个夏天突然决定将报考科目换成理科。如果当时能够直接考进文科 1 类的话，想必我还能继续打棒球吧。我清楚地知道，自己并没有去大藏省[6]的才能，若是真的进入了银行或者商社，说不定现在的我已经退休，正在以做陶艺什么的打发闲暇时间吧。

译者注

4 神宫球场，明治神宫棒球场的缩略语。大学棒球赛在此举办。早稻田大学和庆应义塾大学的棒球队实力都非常强悍，相形之下，东京大学棒球队的整体实力偏弱。

5 文科 1 类属于东京大学本科前期课程的六个学科分类之一，学生需要在入学之后的一年半中接受该学科的通识教育，之后再根据成绩分具体的专业。文科 1 类在当时一般被认为是法学部，即学习以法律和政治为中心的社会科学类全部课程。

6 大藏省，日本过往的最高财政机关，为如今财务省之前身。

经过一年的复读，我考入东大的理科 1 类[7]，但当时还没有什么想做建筑的念头，而同时报考早稻田的电子信息专业成绩也合格了。当时，我还想着自己大概会成为工程师，可能会去电子或者机械之类的专业，毕业后入职东芝之类的企业，对自己的未来做了想当然的懵懂想象。

我经常被问到，为什么选择了建筑的道路？其实这是我最不喜欢回答的问题。在东大，入学之后不会被直接分专业，而是首先要进入驹场校区的教养学部[8]。那时的我总是懒懒散散的，成绩不是很好，所以没去成我所希望的机械、电子之类的专业。我可以选择的专业非常有限，比起土木、冶金、矿山之类的专业，我想可能还是建筑稍微强一点儿。选择建筑道路就只是如此程度的动机而已。

当时的建筑学被称为“工学部的学渣”，后来才慢慢变成工学部的头牌学科，在驹场成绩优异的同学开始选择进入建筑学。虽说如此，太过优秀的人一般却成不了好的建筑师。

译者注

7 理科 1 类，即工学部。以数学、物理学、化学为中心的数理学科、物质科学、生命科学的课程教育。

8 东京大学本科的教学制度分前期和后期，前期课程不分具体专业，只分文科、理科等大的门类，全体学生需要学习该门类的一般基础知识，即进入教养学部。后期课程是专业教育。东京大学的教养学部设置在驹场校区，专业学院和学部则设置在本乡等其他校区。

这种说法好像显得我很不服输一样，但我始终觉得脑子太好的人确实做不成建筑师。

建筑专业的同届学生中有个叫做月尾嘉男的人，是我的一位朋友，他后来成为横跨计算机领域的东大教授。在本科的时候，他就说过："我脑子太好了，干不了设计这种蠢事。"但也确有其事吧。如果年轻的时候不经常熬夜画图，可能就做不成建筑师了，而脑子太好的人，大概根本不屑做出如此蠢笨之举。

总的来说，我进入建筑领域的理由仅仅是顺其自然。上学那会儿，丹下健三在东大做副教授，恰逢代代木的奥运会国立竞技场的项目如火如荼，他非常忙碌，基本上不在学校露面。丹下先生开了一门名为"建筑意匠"的课程，学生们每周都翘首等待这位明星的出现，但不管怎么等，他就是不出现。有一回，终于等到他出现在课堂上了，丹下先生拿起《新建筑》杂志，一股脑儿地朗读着杂志中的文章，读到下课，就走了。他好像对教书一点儿兴趣都没有。我只记得他当时穿着绿色英伦格子的外套，系着领结，穿着时髦的喇叭裤和尖头皮鞋。我曾在报纸上看到他获得那一年"时尚先生"的消息。然而，他上课时说的话，我一句都没记住。

想法源于身体深处

大四那年的夏天，我得到了一个在菊竹清训先生事务所打工的机会，大概持续了 1 个月左右。那时候的菊竹先生正当 30 多岁，一鼓作气不断地向外界推出自己的新作品，用体育来做比喻的话，他就是在以 9 秒跑完 100 米的选手的那种气势推进自己的事业。我当时觉得他比东大其他教授都要有魅力，所以就试着拜访了一下，真是大开眼界。我能走到现在，其实也是托了菊竹先生的福。

以前在东大，丹下先生及其门下研究室的弟子矶崎新先生和黑川纪章先生都是属于以理论思考建筑的人，我当时也一直抱有同样的观念。一开始我认为菊竹先生也是这个类型的建筑师，他写过一篇论述自己独特的建筑理论的文章，名为《代谢建筑论》，但实际真正去了他的事务所之后，我才发现菊竹先生对建筑的理解和我之前的设想完全不同。他认为建筑设计并非源于理论，而是与身体有着强烈的关联。他周围的员工们若不将自己逼到极限，就无法将设计向前推进，就算是今天开会定下来的事项，到了第二天早上也有可能推翻重来，如此循环往复。我近距离感受到了做出决断那一瞬间的紧张感，才恍然大悟何谓“设计”，这和自己在大学期间发呆思考的做法全然不同。我受到了巨大的冲击。

我萌生了毕业之后去菊竹先生事务所工作的想法。在打工的最后一天，我便询问他：“从明年春天开始，我能不能来您这边工作呢？”他当场就答应了我。于是，从昭和四十年（1965 年）的春天开始，我便入职菊竹建筑事务所。

在我的一生中，再也没有过那么拼命工作的时期了。入职后的第一年，我大概三天中就有一天会在事务所里过夜，就睡在制图板的下面，当时还非常年轻，有着足够的体力，即使通宵也无所谓。

在菊竹事务所里，极其重要的是和结构工程师的会议。当时，菊竹先生总是委托著名的结构工程师松井源吾先生，而松井先生开会要求员工一起旁听。会议充满了紧张的气氛，菊竹先生一旦从松井先生的想法中得到什么启发就会立即进入兴奋状态。我需要在会议结束之后，在第二天早上之前，将这些想法转化成模型和图纸。菊竹先生一直都很期待第二天早上的成果，但很多时候他对成果都不满意，有些时候，他甚至会摔碎模型，或者撕破图纸。听说在我进入事务所之后的那段时期，这样的事情其实已经减少了很多，但有一次我亲眼看到坐在我旁边的同事通宵绘制的图纸被他狠狠撕碎。我还记得那时用的是硫酸纸，同事的脸色当场煞白，我也在边上一声不吭，不敢动弹。一般情况下，菊竹先生白天都会外出和客户开会，大概黄昏的时候回到事务所，然后开始和员工挨个进行一对一的单独会谈，没有想法的人则会被跳过。如果仅仅是两三天被跳过还好，若是持续一周、两周都因为没有想法而被跳过的话，当事人就会羞愧难当，只能辞职了。

就职于菊竹清训建筑设计事务所时期。时常熬夜，是人生中最拼命工作的一段岁月

EXPO70 展示的不是未来都市

我在菊竹事务所中收获一个很珍贵的教训——用脑袋思考的东西可能三天就变了，而用身体思考的东西至少一两年内不会改变。到现在，我经常会问我的员工："你真的发自内心觉得这个提案好吗？"然而，身为被教育的那一方，确实会感觉这个做法很困难吧。从身体性深处挖掘出想法本身就不易，更何况要在第二天就将其赋予形式。

我头一次明白了造物或者说设计建筑是怎么一回事儿，我学会了不是用脑袋，而是用身体去思考。虽然这个过程无比艰辛，但我庆幸自己好像也算是抓住了一些要领。

我在那里工作了四年，于昭和四十四年（1969 年）辞职。那个时候学生运动进行得轰轰烈烈，连东大也被封锁了。

在辞职之前的一段时间里，我承担了为昭和四十五年（1970 年）大阪世博会建造世博会塔的项目。在此期间，我晚上会和留在大学的同伴们一起参加全学共斗会议[9]的聚会，当时被他们质问："你白天做有关世博的工作就是在为国家

译者注

9 全学共斗会议，简称"全共斗"，最初是针对大学中个别问题（如学费问题等）结成的跨校学生会组织。之后，在大学当局强硬应对、政府及机动队的介入下，逐渐发展成为"对大学、学生和研究者重新定位，以大学理念和学问为主体的运动"。1968—1969 年，日本各大学学生运动团体展开了包括路障封锁、罢课等多种形式的实力斗争。

效力，可你晚上又来参加聚会。你是不是在为国家办事？”学生运动和工作，二者无法兼顾，我的处境也愈发艰难，导致我对世博会的工作日渐丧失兴趣。虽然对菊竹先生感到非常过意不去，但我还是决定在项目推进的中途就辞职了。我同级的同学月尾先生在矶崎新事务所工作，负责世博会广场机器人的设计。凭借这个机会，在世博会开幕之前，我去参观了现场，但开幕之后，我一次都没有再去过。

在我刚刚开始工作的 60 年代中叶，以丹下先生为中心的新陈代谢学派（20 世纪 60 年代席卷日本建筑界的建筑思想运动。以 1960 年召开的“世界设计会议”为契机，由当时的年轻建筑师黑川纪章、浅田孝、菊竹清训、槙文彦、大高正人，以及设计师荣久庵宪司、粟津洁和评论家川添登等人集结而成的“新陈代谢派”，针对社会变化和人口增加等问题，提倡以有机成长、代谢的城市和建筑作为解决方案）正如日中天，勾画着未来都市的种种画面。菊竹先生发表了“塔状都市”“海上都市”之类的理念，成为象征新陈代谢的都市构想。也许大阪世博会便是那个梦想的结晶——未来都市大概就是这番模样吧。大阪世博会结束了，梦醒了，人们被从 60 年代的梦境之中拉回现实。

公共建筑的设计

——从『仙台媒体中心』到『新国立竞技场』

用一个住宅项目对社会进行批判

虽然从菊竹事务所辞职了，但我还没有什么明确的目标。世博会结束了，一直都在增长的日本经济旋即进入停滞，社会经济状况不乐观。在一个完全没有建设项目的时代中，我创立了自己的事务所。周围有很多和我年龄相仿的朋友，大家的想法都很相似，即使经济不好也觉得没什么，持有比较乐观的心态。

事务所成立之后，我设计了一个名为“铝之家”（1971年）的住宅，当时还是作为广岛工业大学学生的石田敏明在杂志上看到了这个项目。在暑假的某一天，石田敏明突然从东京站给我打电话：“伊东先生，请让我在您这里工作吧！”我对他说：“你即使过来，恐怕也没什么项目可以做哦。”他回答说：“我已经到东京站了。”他就这么来了，不走了。石田敏明的前辈村上彻当时在内井昭藏事务所工作，晚上下班之后，他也会来到我的事务所。我们没有钱去外面喝酒，所以就在事务所里喝着三得利角瓶威士忌，聊天到天亮，如此这般度过了一段时光。对于当时的我们来说，三得利老牌威士忌都还觉得太过高档了。

在那之后，差不多是“中野本町之家”（1976 年）完成的时候，从那时候起，坂本一成、石山修武、山本理显、石井和纮，以及在菊竹事务所时期的战友长谷川逸子、关西的毛纲门太（毅旷）、渡边丰和等同辈的建筑师们，我们大家常常聚在一起喝酒。

我们的上一辈，也就是黑川纪章、矶崎新那一辈在 20 世纪 60 年代已经开始开展公共建筑的设计工作了，而我们起步得比较晚，因为根本没有这样的机会。我们真的非常不甘心，一旦喝酒，就开始不停地批判前辈们的作品：那样的东西，我们动动手指头就能做出来……一边喝酒，一边胡说八道，真的是非常过分啊。我们之间也会相互鄙视对方的作品：石井和纮之流的明明还很年轻，却有机会做直岛的公共项目，而我们只能做做一些小住宅……心有不甘，愤恨无尽。我们同辈之间喋喋不休地争吵，却团结一致地针对上一代的前辈们。也不知道是和我们关系好还是坏，槙文彦对我们这一代

1979 年，作者（左 4）和初创成员一起拍摄于东京南青山 F 大楼中的事务所（当时的地址）

1982 年，和同代的建筑师拍摄于台湾。位于后方的是六角鬼丈（右）和石山修武，位于前方的是长谷川逸子（右）和作者

的建筑师冠以“和平时代的野武士”之名。我们对此很不满，觉得他在摆出“一副高高在上的样子”。

当时的我们，觉得做建筑就是对这个世界进行批判。换一种说法，当时的我相信，即使只是做一个小住宅也可以对社会进行批判，对全部的建筑进行批判。这件事情也许是筱原一男教会了我。

和当时代表着住宅建筑师的清家清、增泽洵等不同，筱原一男携带了名为“美”的最强大武器在建筑界登场。他的存在令我明白，即便是设计住宅，也可以通过住宅去批判公共建筑，也可以和大型建筑去抗衡。因此，虽然我们只是从事着设计小住宅的工作，但似乎拥有和社会抗衡的力量，也可以去批判、直指社会的痛点。

20 世纪 70 年代，我从筱原先生那里得到了勇气，锻炼出了批判精神。虽然我本身明明不是热衷于批判的个性，也许是因为受到同伴们的影响，他们太好了（太坏了）。

“八代市立博物馆”的教训

到了 20 世纪 80 年代，设计项目还是很少，但我也逐渐开始做一些商业建筑。我心里是非常渴望做公共建筑的，但那个时代还不像现在这样有那么多的竞赛项目，即使偶尔参加一些也没有能够获胜，所以一直持续做住宅或者商业建筑的项目，维持着 10 个人左右规模的建筑事务所的生计。对于那时的状况，我其实觉得挺好的，并没有什么特别懊悔的地方。

当时，石山修武组织了一次聚会，找了他当时比较中意的建筑师们一起谈话，场地是在矶崎新的家中。在场的有矶崎新、筱原一男、安藤忠雄，以及我们这一辈的建筑师们，大约 10 人。不知道为什么，那次聚会的主题慢慢变成了批判矶崎新。一开始，矶崎新还笑眯眯地听着，后来他越听越生气，最后他说：“只设计住宅的建筑师，在西欧根本就不配被称为建筑师。”那时，我当然只设计过住宅项目，而安藤和筱原其实也只设计过住宅项目，于是，大家就开始争吵起来。现在回想起来，那真是一次非常有意思的聚会。然而，对于矶崎新所说的“只做住宅的建筑师并不是建筑师”这句话，我在几年之后才有了切身体会。

20 世纪 80 年代末，由于步入“泡沫经济”时代，日本整个社会就如同漂浮起来了一样，没有什么原因的，人莫名其妙就很开心，那也是我喝酒最多的时代。和 70 年代那种不甘心的买醉不同，80 时代的东京，我是喜欢的。无论是城市本身，还是游走在城市中的人，都要比现在有活力得多。现实感被抹去，取而代之的是临时性，或者称其为“梦境”也无妨，像是这样飘忽不定的东西在那个时代随处舞动。

因此，我甚至想消除自己建筑的存在感，“轻质的”“透明的”“随风而动的”……尽是用这样的词语来描述自己的建筑。

那时，我写下了名为《不浸入消费之海就没有新建筑》(《新建筑》，1989 年 11 月号）的文章。在建筑的世界中，即使现在，那篇文章也常常被作为那个时代的象征而被引用。文章其实说的是，面对那些保守的建筑师们，面对他们“做出被卷入消费之海的建筑，做出那种飘飘忽忽的建筑也是无奈之举”的言论，我认为，如果如此轻易地做出思考和决断的话，根本就算不上作为建筑师战斗过。我们不能被消费之海所覆灭，但我们是不是可以凭借乘风破浪之势，探索建筑的新的可能性呢？对于当时我来说，这样的探索其乐无穷。

作为对这种探索的延伸，我设计了“八代市立博物馆·未来之森博物馆”（1991年）——在我50岁的那一年，首次接手的公共建筑设计。我试图做出没有存在感的建筑——轻质的屋顶悬浮在空中，虽然在某种程度上实现了这个想法，却切身体会到公共建筑迥异的特性——不可与住宅项目同日而语。

建筑师的工作若不介入项目内在的机制，便无法实现自己想做的概念。以博物馆为例，如果建筑师不介入展示内容的策划的话，便没有力量为自己的建筑辩护，没有力量与外界——翻译成更直白的话就是，甲方会觉得“你只要设计外观就好啦。建筑内部和其他建筑一样就行”——进行对抗。

对此，我一直心有不甘。这种现状如果无法得到改变，公共建筑就会变得越来越乏味。就是从那个时刻开始，我心中涌起一股斗志。

虽说如此，其实八代和熊本的居民为人都极为热情，也非常欢迎我。我们的关系非常亲密，结下了深厚的缘分，乃至之后，促成了“大家的家”这个项目。如今，我作为“熊本艺术建筑”（Kumamoto Artpolis，1988年，由当时作为熊本县知事的细川护熙先生开创的建筑文化事业。由委员长向参与该项目的业主方推选建筑师，以这种合作方式进行公共建筑的设计与建造。第一代委员长是矶崎新，第二代委员长是高桥靗一，第三代委员长是伊东丰雄）项目的委员长，会经常去熊本出差。

最初设计的公共设施“八代市立博物馆·未来之森博物馆”。这是由当时任职熊本艺术建筑项目初代委员长的矶崎新推荐而获得的项目

“媒体中心”为何物

从 20 世纪 90 年代开始，我更加积极地投入公共建筑项目的设计之中。当时，“仙台媒体中心”（2000 年）的竞赛开始举办，我认为那是个千载难逢的好机会。

在这个竞赛中，引入的一个革命性概念——“媒体中心”为何物？这个概念是从竞赛的评委委员长矶崎新的发问中衍生而来。政府一开始考虑的只是图书馆、市民画廊和其他几个小的功能组合而成的复合设施，在一般的情况下，都会以“某某文化中心”之类的命名发布竞赛。然而，矶崎新却将其称为“媒体中心”，并要求参赛者对“媒体中心”这一新的建筑类型进行探讨。这样的机会一旦错过，就绝不会有第二次。我一定要赢。

在那之前，我在八代市立博物馆和下诹访町立诹访湖博物馆的设计中已积攒许多懊悔之处，这更加剧了我想得到这个机会的迫切心情。

解读“媒体中心”这个命题，我认为，是要设计一个让所有来到这儿的人都能自由自在度过时间的“场所”。从一层到七层的基本平面布局是类似的，透明的管状柱体穿过楼板的孔洞，不规则地布置在其间。我喜欢将这个管状柱体比喻为“公园中的树木”，人们可以在树下午睡，也可以在树下读书，甚至说不定还能在树下有个美好的邂逅……人们也许是带着明确的目的来到这里，也许没有任何目的，只是根据各自的心情来到这里以随心所欲地度过时间。当时这个方案被评选为第一名，评语是：“今后和市民们一起合作，在这个建筑概念的基础之上进一步深化出崭新的建筑形式。”

实际上，在将这个建筑形式深化的过程中，有一个棘手的难题——如何才能让所有相关人员都彻底地理解设计意图？这些柱体的形式乍一眼看上去似乎冗余又复杂，让人质疑其存在的必要性，而我们有必要让所有人都能充分地认可其意义，对于施工人员也是一样，因为对他们而言，这是从来没有看到过的形态。通过坚持不懈地引导大家理解在这种形式背后的意义，我们终于使得和这个项目有关联的所有人的心态都从当初的不解转变为自豪——“自己正在创造前所未见的崭新之物”。这件事情意义重大。

经历这些过程后完成的建筑，市民们比预想的还要积极地去使用。无论是学生、老人，还是带着小孩的母亲和父亲都愿意来到这里，这里变成了一个任何年龄段的人们都来聚集的场所，而城市中人群的流动也因此发生了改变。

“仙台媒体中心”的建造对我的建筑生涯而言是一个巨大的转折点。我逐渐认识到，在本质上，建筑的建造就是人与人之间的沟通和交流，建造的过程就是社群产生的过程。

然而，在当今的日本社会，要举办像“仙台媒体中心”这样的建筑竞赛可以说是难之又难，甚至可以断言已经不可

“仙台媒体中心”是一个契机，使我得以重新思考对于城市、市民以及建筑界而言，何谓公共建筑的存在方式

能再举办了。究其原因，恐怕是因为日本公共建筑的制度越来越差劲了。

最近，政府的公共建筑项目都导入了PFI（Private Finance Initiative，将公共设施项目的设计、建设、维修管理和运营等公共服务委托民间企业主导进行，以充分利用民间的资金和运营能力。自从1992年英国的政府机关引入这种操作模式后，便在世界范围内得到广泛应用）模式，国家、地区或者自治体成为甲方顾客的情况越来越多。因此，在报名参赛的时候，需要组成一个团队，在这个团队中，从施工总承包商到运营企业都要确定下来。虽然是设计竞赛，但团队的任何一环都不可或缺。现在，政府公共设施项目的推进完全委托给了民间。

我们已经为一个地方都市的大型项目投入了一年多的心血，建筑项目本身的推进已经达到相当深度；但是，就在前几日，临近提交的前一周，却由于运营团队无法得到认可而不得不撤回。这个项目和一般的设计竞赛相比，有着更为繁琐冗长的要求事项，所以为了将其深化到一定程度，我们可谓“殚精竭虑”，却因为这种原因被撤回，真是感到非常可惜。

这件事情表明，在进行项目评审的时候，建筑设计所占的权重非常低。相反，运营是不是有问题，能不能在限定的时间内完成——只要将这些问题解决就好，设计退居第二位。

在社会上造成轰动的“新国立竞技场”就是这样的竞赛。

“仙台媒体中心”是拥有图书馆、画廊、多媒体室等功能的综合设施，也是市民们可以根据自己的心情自由消磨时间的场所

我总共参与了三次有关新国立竞技场的竞赛，三次都以失败告终。三连败，由此带来的懊悔的心情逐渐转变成我现在设计建筑的原动力。

不甘心的败仗——新国立竞技场

新国立竞技场竞赛最早于 2012 年展开，审查委员长是安藤忠雄，当时是扎哈·哈迪德取得了第一名。其实，在进入最终审查阶段的 11 个方案中，只有我们的方案完全遵守了法规以及预算，却以惨败告终。究其原因，有可能是因为当时这个竞赛正值 2020 年奥运会主办城市选定前夕，主办方需要华丽的建筑表现来赢得奥运会的承办权。

可能是心有不甘的情绪使然吧，我也不觉得扎哈的方案很好。比起这种花费大量金钱的方案，为什么不将现存的体育馆改造一下使用呢[1]？

译者注

1 扎哈案虽然在 2012 年的东京新国立竞技场国际竞赛中取得第一名，但是造价大幅超出政府财政预算，而其独特的造型也破坏了明治神宫外苑的文脉与肌理。于是，2013 年秋季，以槙文彦为首的部分日本建筑师组织讨论会，公开表示反对。在此背景下，2014 年，伊东丰雄作为建筑师，联合建筑经济学家森山高至、建筑历史学家松隈洋、人类学家中泽新一召开记者发布会，推出了利用现存体育馆的“改造方案”。这是伊东丰雄针对新国立竞技场竞赛第二次提交的方案。

怎么样才能在充分利用旧场馆的同时，满足对新场馆的诸多要求呢？为此，我们设计了一个具体的改造方案，并说明和新建方案相比能缩减大量成本。我在讨论会上对此公开陈述，也给大会组织委员会会长森喜郎前首相以及时任文部科学大臣的下村博文先生等相关人员写了信；但是，都杳无音讯，结果只不过是竹篮打水一场空罢了。

在旧会场拆除之前，如果能举办个研讨会就好了，还能有发声的机会。然而，什么都没有，旧会场悄无声息地就被拆除了，丝毫不讲道理。

在那之后还有一次不甘心的回忆。扎哈方案被废弃之后，再次举办了该项目的竞赛。无论如何，我都想再挑战一次，如果找不到能一起联手的总承包方的话，就算只靠自己，也想把方案发表出来。

在 2015 年的第二次竞赛中，隈研吾先生率领的 A 队伍和大成建设、梓设计联手，而由我们事务所率领的 B 队伍则是和竹中工务店、清水建设、大林组、日本设计联手。两支队伍 1 对 1 对决。

从一开始我就听说了我们是没有胜算的，实际上我们也确实是输了，但我内心无法认同与接受这次败北。

大成建设是在扎哈方案的时候就确定了的总承包方，所以当时听说，只要和大成建设联手，基本上就是胜券在握了。

在国交省的内阁总理大臣辅佐官在幕后掌握全局，事件的走向都按照他的设想发展着。我隐约感觉到了这一点，但即便如此，我也想再试着挑战一下。

毋庸置疑，别的总承包方对这些事情都了然于心。我去找竹中工务店谈合作事宜之时，他们并没有给我好脸色看，但我非常坚持，因为唯有参加竞赛才能扭转局面。我们事务所和结构师佐佐木睦郎先生一起设计了方案，并将方案呈现给竹中工务店的会长，他说："如果如此简洁的方案真能做成的话，那也许还有些胜算。"在竞赛报名截止的前几天，我们终于收到了他的回复："那么，就一起放手一搏吧。"

"既然要做的话，就一定要拼尽全力！"会长如此说道。他接连几天来设计部门探班。会长的这种重视程度是非常少见的，员工都大吃一惊。实际上，参加团队的成员们付出了十二分的努力，而最终呈现的方案，其完成度之高几乎令人难以置信。

在公布最终结果的前夕，评委告诉我，会举行预选投票。然而，这个投票的结果连评委自己都不知道，说是因为在正式会议之前的预选投票，所以没有公布结果。设计的分数，是我们所在的团队 B 更胜一筹，而且在工期和成本方面也未曾逊色。

看到竣工后的新国立竞技场如此平庸，我心中的懊悔随之复燃，真是一言难尽。不管怎么说，这个项目染上了过浓的政治色彩，即使事到如今，我也依旧这么认为。

在竞赛结束之后，比我年长的几位前辈建筑师给安倍（当时的首相）写信，表达对竞赛结果的不满，而年轻一代的建筑师们大多无动于衷，毫无反响。我想，这种结果也许会导致年轻一代的建筑师们对自己所处的世界感到越来越狭隘吧，而从各种各样的国会议论来看，越发觉得我们不能坐视不管，不能将现在日本政治家和官僚的堕落认为是和自己无关的事情。然而，这种事不关己的态度恰恰证明了日本的活力正在丧失，逐渐变成了一个可悲的国度。

在公共建筑的项目中，使用者和设计者之间存在着名为“自治体”的官僚组织，公共建筑的问题可以归因为这种官僚组织的衰退。上梁不正，下梁歪，国家尚且如此，“自治体”当然亦是如此。

当地居民心怀愿景，特别是当代女性的思想有了非常大的进步，然而他们的期许都没有在建筑项目中得到反映。我们不得不探索如何才能在说服官僚的同时，和当地的使用者们取得更为直接的沟通。

不过，至少在地方性城市中还留有连接当地居民的可能性，所以我们大多数公共建筑的项目都是在地方性城市开展的。越大型的城市，和当地居民之间的连接就被切断得越彻底。

我觉得在如今的东京开展公共建筑的项目可谓极为艰难之举。在东京，基本上是以经济为优先考虑因素，对于行政机构而言，也是顺从这个原则。建筑师被认为是一群“会找麻烦”的家伙，所以他们更加倾向于把项目委托给大型的设计单位。这些设计单位基本上对“自治体”的要求言听计从，那么，行政机构工作起来自然也就轻松很多。其实，这次的奥运会就是如此。国立竞技场是我们这样的私人事务所唯一能参加的竞赛项目，其他的设施都基本上委托给了大型设计单位，神不知鬼不觉地就建设完了。就连是哪家公司设计的，我们都全然不知，是经过了怎样的流程才决定的，我们亦无从知晓。

大型设计单位是一种不可思议的存在，既完全听从甲方提出的要求，又是一个由建筑师集合而成的团体——好像是有自己主张的，又似乎没有，令人看不清其本质。正是由像这样的设计单位承担了大城市中大部分的建筑项目，因而日本建筑师的面容也渐渐变得模糊不清。

放眼世界，日本建设总承包商的施工技术已是处于极高的水准，却一直在建设着个体思想暧昧不明的建筑，真是浪费至极。

美的建筑使人汇聚

——观看大三岛平静的海之所思，内化的自然

戏言成真，伊东丰雄建筑博物馆的实现

现在，想做什么样的建筑呢？一言以蔽之，想做美的建筑。如此而已。

也不知道是从什么时候开始，人们开始不再关注建筑美不美，也不再评价哪个建筑是美的，而是开始用名为“概念”的一些词语谈论建筑。我想，那或许是因为人们从城市理论的角度思考建筑。

以前，我自己也受到类似的教育，即所谓“思考建筑其实就是思考城市”，我一直将其奉为真理。直到东日本大地震之时，去了被海啸摧毁的城市，那是我第一次和居住在城市之外的居民打交道，继而开始思考城市之外的建筑的可能性。差不多就是从那时候开始，我频繁造访爱媛县的大三岛。

我第一次去大三岛是在 2004 年左右。通过在银座经营画廊的长谷川司浩先生的介绍，所博物馆大三岛（Tokoro Museum Omishima）的业主所敦夫先生找到我，想要委托我做博物馆分馆的设计——这成为我最初去大三岛的契机。这个分馆原计划由所先生出资建造，基地就在离所博物馆大三岛的不远处。然而，项目还在构想阶段时，由于市町村合并运动[1]，大三岛町被合并到了今治市之下，项目被迫中断了两年左右。

刚好当时的我开始萌生培育年轻一代的想法，而不是仅仅关注自己做设计。我和所先生说了以上的想法，他回应道："不如趁着这个机会，就让年轻人来这里做吧。"我本以为他的意思是可以把场地借给我使用，没想到不是这样，他说："直接把这个分馆变成伊东丰雄的博物馆，不就好了？"我听到后，吓了一跳。在那之后，在合并了大三岛町的今治市所召开的会议上，这个想法被提出，大家都认为这是好事儿，想法得到大家的认可，所以，我也无路可退了。我从来未曾想过能够有自己的博物馆，满满受宠若惊的心情，一旦想到这样的机会可能此生也不会再有第二次了，便欣然接受，内心充满感激。

经过这些曲折，在平成二十三年（2011 年）的七月份，"今治市伊东丰雄建筑博物馆"正式开馆。博物馆被橘子林构成的倾斜地所包围，眼前是平静如镜的濑户内海，是远眺风景的极佳之地。由所先生赞助的资金建造而成的展示空间取名

译者注

1 将两个以上的市町村合并成一个新的市町村，或者将某个市町村编入其他市町村名下的行政运动，以强化地方分权，应对低出生率与人口老龄化日益严重的局面，以及推动地方行政改革。

“今治市伊东丰雄建筑博物馆”位于爱媛县今治市大三岛町浦户。照片前方的是复建的“银色小屋”（Sliver Hut），后方耸立的是作为展示空间的“钢铁小屋”（Steel Hut）

摄影：藤塚光政

“银色小屋”室内。家具由大桥晃郎先生设计，都是实际上被使用过的物件　摄影：藤塚光政

一层是“伊东丰雄建筑档案”。照片上的柜子中收纳了 150 个以上的建筑项目图纸，可供翻阅。建筑的结构构件是全部重新制作的　摄影：藤塚光政

为“钢铁小屋”（Steel Hut），而我则捐献出“银色小屋”（Sliver Hut）。这两栋建筑构成了建筑博物馆。

“银色小屋”（1984 年）原址位于东京的中野，原本是我的私宅。这个作品获得 1986 年的“日本建筑学会赏作品赏”，从某种意义上来说，它是我的成名之作。我和家人一起在其中生活了很长一段时间，只是前妻病逝，女儿出嫁，这个屋子也就没有存在的必要了。我想，如果可以将它捐献给博物馆，成为公共建筑的话，那么，年轻人都可以来自由地参观。一开始是想将屋顶的框架全部解体，然后迁移过去，结果由于生锈得太厉害，只好都重新制作了一遍。原封不动带过去的，恐怕只有大桥晃郎先生设计的家具了。

几乎是同时期，我在东京创立了“伊东建筑塾”，和塾生们一起造访大三岛。他们十分中意这个地方，我也非常鼓励他们经常来这里看看。

曾经的“银色小屋”，建造于“中野本町之家”的后方　摄影：藤塚光政

建筑如其名，屋顶和外墙都是由铁板构成的“钢铁小屋”（1）　摄影：藤塚光政

建筑如其名，屋顶和外墙都是由铁板构成的“钢铁小屋”（2） 摄影：藤塚光政

在“钢铁小屋”中，举办特别展览“守护圣地·大三岛＝创造 2019”（「聖地・三大島を護る＝創る 2019」），介绍了从 2019 年 7 月到 2020 年 6 月这段时间在岛上开展的各种活动

摄影：藤塚光政

生活方式的范式

大三岛是一个人口仅有 6000 人左右的岛屿，其中大约一半是 65 岁以上的老年人。大山祇神社将鹫头山奉为神体山[2]，坐落在岛的西岸，神社境内有着被评为“天然纪念物”的巨大楠木。从广岛县忠海港坐船前往大三岛，从海上看到这个岛屿的第一眼极为惊艳。

对于在诹访湖之畔长大的我而言，像濑户内海这般无风无浪的平静之海是极易融入心间的风景。

我最初带塾生们来到这里，也没有明确的目的，仅仅是被岛屿的美景所吸引。带着他们来了几次后，有的塾生竟搬到这里，长久地住了下来。

在参道一角，坐落着一栋老旧的木造建筑，体量很小，原本是作为法务局使用的，现在已归私人所有。我们将这栋屋子租了下来，并将其设计改造为“大家的家”。靠着大家的力量修复了室内，于 2016 年 5 月竣工，这里变成了村里无论是谁都可以随意进出的集会所。在次年的 4 月，塾生中的一人决定搬到岛上来居住，她开始在“大家的家”中经营咖啡馆和杂货铺。

译者注

2 日本神道教有山岳信仰，神灵居住的山岳被称为“神体山”。

大山祇神社位于岛西侧的宫浦，用以祭祀作为山之神、海之神、战之神的大山祇命，是岛上信仰的中心　摄影：藤塚光政

室内改修的时候，我们都是照葫芦画瓢地去涂刷墙壁。在建筑塾中，我们邀请了专业的粉刷匠人作为讲师加入。此人原本出生在横滨，在大三岛和身为粉刷匠人的父亲一起生活，在将当地原来的小学改造成住宿设施“大三岛憩之家”的时候，他也是作为专业指导。岛上的高中生们都来帮忙，将三大岛的泥土粉刷在墙壁之上。

爱媛县立今治北高中大三岛分校，由于学生总数少于 30 人，原本预定在 2019 年 4 月宣布停办，我们为阻止这件事情的发生出了一份力，使它得以存续。

不久，出现了一个想在大三岛酿造葡萄酒的年轻人，他和之前提到的搬来大三岛并在“大家的家”中工作的女士结了婚，一心一意地投身葡萄酒的酿造事业。由于岛上的人口

“大三岛大家的家”位于通往大山祇神社的参道一侧，一层是咖啡馆和杂货店　摄影：藤塚光政

位于岛高处的葡萄园。作者任职"大三岛大家的酒庄"的代表人，酒庄由移居岛上的川田佑辅先生等人运营　摄影：藤塚光政

高龄化持续发展，许多年迈的农民已经无法维持农业生产，那个年轻人从这些农户手里借来了原本种植橘子的田地，改种葡萄。去年（2019 年）已经是他投身这份事业的第四年，那一年生产了两千多瓶葡萄酒。长此以往，在我周围的一些年轻人慢慢地移住到岛上，给大三岛带来了巨大的改变。

大概这个岛屿最大的魅力就是无论如何也不会被现代化所侵蚀吧。也就是说，仅仅维持本质，仅仅拥有必要的最低限的东西就可以在这个岛上生活，所以，我并不希望它变成观光景点那样热闹的地方。我想，那里或许有潜力成为某种生活方式的范式——为那些想要和自然一同生活的年轻人，提供另一种生活方式。

生产出的第一批葡萄酒。商标是作者的手绘插画

摄影：藤塚光政

最后的归宿是大三岛吗

以上种种说起来都是我们自发的行为，并非受到政府或是别的什么人的委托。那个时期，我也曾非常想为釜石的复兴出一份力，但结果没能做到。正沉浸在这种挫败感中之时，大三岛上的博物馆建成了，所以，我便萌生了在这个岛上再做些什么的想法。

换个正儿八经的说法吧，我想试图去解决地方村落的问题，而非城市的问题。其实对于一直生活在那儿的人们而言，或许这种心意只是一种多余的关心罢了。

虽说岛上大半都是老年人，但他们生活得十分幸福、安康。我最初也想过，实际上我们并不需要再为他们去做一些多余的事情了，更何况住在地方上的人们对外来人总是持有很强的戒备心，大三岛亦是如此。

然而，随着出现了移居岛上的人，开了面包店，开始生产当地的啤酒……当地人逐渐对我们开始产生信任——原来他们不会轻易就离开，而是要在此生根发芽呢。经营着葡萄酒庄的川田先生家生下了小孩儿，可以说是在这片土地上落地生根了吧。

从东京过去的人们，在地方上进行这样或那样的瞎指挥，确实是多余之举；但是，如果因此对这个岛撒手不管，那么从岛上走出去年轻人就不愿意再回来了，而留下来的人渐渐上了年岁，以致无法持续进行橘子的栽培，这里慢慢走向界限聚落[3]的状态。最近开通了“西濑户高速公路”，其实也就意味着这个岛屿在被逐渐遗弃——前几日岛上的出租车司机对我如此感叹。

将来，我打算把房子建在大三岛上，过上和东京两地往返的生活。然而，我的时间总是被日常的工作填满，迟迟未能将这个想法付诸实施。我已经在当地购置了土地，只是不知何时才能得偿所愿。

译者注

3 由于低出生率和人口老龄化的发展，聚落中 50% 以上都是 65 岁的老人，以至聚落中的社会共同活动难以维持。这是针对日本当今社会的一个特有概念。

平静的大三岛海面上荡漾着微波，漂浮着钓黑鲷的渔船　摄影：藤塚光政

想对建筑再多一些执着

从今往后的建筑，我认为会经历人与自然之间的关系重组，这是关键。

虽然现在无法回归到现代化之前的状态，但是在跨越现代主义时代之后，一定会有恢复自然和人类之间关系的建筑可能性。我将之称为“内化的自然”。

在中泽新一先生的散文集《雪片曲线论》中收录了《建筑伦理》一文，给我很大启发。文章叙述了与中国西藏密教寺院建筑相关的故事。在西藏的土地上建造寺院之时，即使对于周遭都被自然包裹着的西藏人而言，也依旧无法用自然的系统建造建筑，同样要依赖几何学。然而，在西藏密教寺院的建筑中，即便建筑本身使用了几何学建造，一旦进入建筑内部，自然便会在其内部复苏。这是那篇文章的核心观点。

虽然和外部存在的自然有所不同，但在建筑内部，依然存在着可以调动五官的“另一种自然”。中泽先生用“如同置身于母体的内部”这种表达来形容那种自然。像那样的“内化的自然”究竟是什么？这是我一直以来极为关心的话题。

内部的自然和到处都存在的自然不同。这种经过人加工创造而成的另一种自然，对于现代的我们而言，也是有可能达成的吧。就好像是作为摄影师的畠山直哉先生在拍摄自然风景的照片时，在其照片中表达出的自然，又何尝不是从他内部的精神衍生而出的呢？

同样的作法，对于建筑设计是否也能成立？我想，正是由于这种被抽象化的自然存在于建筑之中，空间才能引起更多人的共鸣，不是吗？

“仙台媒体中心”（2000 年）是对思考的“内化的自然”这个主题完成度最高的项目。

位于岐阜县的复合设施“岐阜媒体中心”（2015 年）以及“台中歌剧院”（2016 年）这两个项目，同样也和“另一种自然在内部实现”这个主题相关。无论去那里参访的人们到底有没有真正感受到自己身处自然之中，那些场所都成为人们经常聚集的地方——即使不是专门去那里读书，即使不是专门去那里听歌剧；既非因为便利性，亦非因为功能性。我认为这些作品的共通之处在于——它们都是经由自身的身体性所成就，人们能够共鸣也正是源于此——这是一种通过身体性衍生而出的连接。

不知道是否能将这种特质归结为“美”，我只是觉得，对这种空间的追求要比口头上说说社群、说说社区规划之类的更有说服力。

只要能做出诉诸五官的美妙空间，人们便会自然而然地聚集。建筑不会在自我陶醉中终结，而是可以超越个体。能否唤起人们的共鸣，成为我心中胜负的关键。如果被人们质

位于“大家的森林·岐阜媒体中心”二层的岐阜市立中央图书馆。穹顶之下自然而然地聚集起很多人　摄影：中村绘

疑："为什么是这样的形态呢？"那么，这样的建筑就完蛋了。为此，我认为，建筑是用头脑无论如何也思考不出来的东西，而是要动用自己的身体性，其关键在于，是否能够做出从身体深处迸发而出的建筑。

在我们开始成立设计事务所的 20 世纪 70 年代，正值日本发生巨变，在那个时代，兴起了以批判作为能量的建筑设计风潮。设计建筑原本就应该是为了人、为了社会的，为何要以批判作为出发点呢？我一直都觉得这二者相互背离，存在着矛盾。而后，我从 90 年代开始从事公共建筑设计的工作，也是一个劲儿地对"自治体"进行批判。从今往后，要如何才能积极地思考建筑？如何才能填满那个矛盾所带来的鸿沟？这对我而言，是重要的课题。

现在的年轻建筑师们都投身于共享集合住宅和共享办公室的设计，或者投身于古民家的改造。这些都是非常积极向上的建筑项目；只是，人们好像都对做出一个美的建筑不再关心，也许是对美本身失去了兴趣，或是放弃了对美的追求。我认为，虽然通过共享集合住宅和共享办公室的项目，能够很好地探讨"家庭的存在方式"和"私密性"等概念，能够快速改变社会上的种种做法，的确有其深刻之处，但是，我还是对建筑之美持有执念。

我还想继续挑战去创造美的建筑——历经日后现代化的浪潮也不会改变的、崭新的、现代的、美的建筑。

いくら外出自粛をするように言われても、昼間のカフェは満席である。身の危険を賭しても人は家に籠っていられない。人はやはり人に会わないと安心出来ない。建築は人の集まる場所をつくる仕事なのだと改めて思わずにいられない。

（在疫情期间）无论多少次被劝诫不要外出，白天的咖啡馆中依旧熙熙攘攘，座无虚席。人们宁愿赌上生命的安危，也不愿独自待在家中。所谓的“人”，如果不和他人见面，便无法安心度日，这也让我重新意识到建筑的工作其实就是创造人们汇聚的场所。

人生历程

1941 年 0 岁 6 月 1 日，出生于京城（现称“首尔”）。父亲名为伊东槇雄，任职于三井物产集团下属的制丝公司。母亲名为与子。伊东丰雄作为老幺和长男出生，有两个姐姐。

1943 年 2 岁 和母亲、姐姐一起搬回到父亲的故乡——长野县诹访郡下属的下诹访町。

1945 年 4 岁 父亲在日本战败前回到国内，在下诹访建造了一个临时房屋。

1948 年 7 岁 小学入学。

1951 年 10 岁 父亲在诹访湖畔建造了新家，并开始经营味噌店的生意，一家人过上了每天眺望诹访湖风景的生活。由于将温泉水引到了家里，从此养成了每天早上和晚上入浴的习惯。

1953 年 12 岁 父亲病逝。亲戚制作了百部限定的遗稿文集《青华》，在文集中撰写了以“父亲”为题的作文。

1954 年 13 岁 进入诹访当地的中学。对打棒球痴迷。

1956 年 15 岁 在中考前，转学到东京的大森六中。

1957 年 16 岁 进入东京都立日比谷高中。母亲在东京的中野建造了私宅，设计者是芦原义信。

1960 年 19 岁 毕业于日比谷高中。参加东京大学文科 1 类（法学部）考试，落榜。复读一年，并在那年夏天改考了理科。

1961 年 20 岁 入学东京大学的理科 1 类（工学部）。

1962 年 21 岁 在选专业的时候，用排除法选择了建筑学。

1964 年 23 岁 在暑假的时候去菊竹清训建筑设计事务所打工，开始感受到建筑的有趣之处。提出大学毕业后希望能够在菊竹清训事务所就职，得到了菊竹先生的应允。

1965 年 24 岁 毕业于东京大学工学部建筑学科，获该年度的毕业设计赏。入职菊竹清训建筑设计事务所，担任了东急田园都市线的丘陵地带开发项目“成对都市”（pair city）等。

1969 年 28 岁 于菊竹清训建筑设计事务所辞职。

1970 年 29 岁 在第三次考试时，通过了“一级建筑士”资格考试。

1971 年 30 岁 结婚。成立“株式会社都市机器人”（URBOT）。独立后的第一个项目是“铝之家”（神奈川县）。

1976 年 35 岁 设计了姐姐的家——“中野本町之家”（东京）。基地位于私宅的对面，该设计在日本航空票务柜台的指名设计竞赛中获得了一等奖。

1978 年 37 岁 “PMT 大楼——名古屋”（爱知县）竣工。

1979 年 38 岁 将公司更名为“伊东丰雄建筑设计事务所”。

1981 年 40 岁 和松永安光共同翻译了著作《极简主义和现代建筑》（『マニエリスムと近代建築』，彰国社）。

1984 年 43 岁 在拆毁位于中野的私宅的基地上，建造了“银色小屋”（Sliver Hut，东京）。同年，1981 年竣工的项目“笠间之家”（茨城县）获得“第三届日本建筑家协会新人赏”。

1985 年 44 岁 “东京游牧少女之包”项目发表。

1986 年 45 岁 “银色小屋”获得 1985 年度的“日本建筑学会赏作品赏”。当时日本建筑学会会长是芦原义信，他在颁发奖杯时说：“这是把我设计的房子拆除之后建造的项目呀。”同年，“横滨风之塔”（神奈川县）、“餐厅酒吧·游牧”（东京）项目竣工。

1989 年 48 岁 “札幌啤酒北海道工厂旅馆”（北海道）竣工。于《新建筑》杂志 11 月号发表文章《不浸入消费之海就没有新建筑》（「消費の海に浸らずして新しい建築はない」）一文。著作《风之变样体》（『風の変様体』，青土社）出版。

1990 年 49 岁 “札幌啤酒北海道工厂旅馆”（北海道）获得第三届“村野藤吾赏”。“目黑 T 大楼”（东京）竣工。

1991 年 50 岁 最初的公共建筑项目“八代市立博物馆 · 未来之森博物馆”（熊本县）竣工。

1992 年 51 岁 “八代市立博物馆·未来之森博物馆”项目获得“每日艺术赏”。出版著作《模拟都市的建筑》（『シミュレイテド・シティの建築』，INAX 出版）。

1993 年 52 岁 “下诹访町立诹访湖博物馆·赤彦纪念馆”（长野县）、“松山 ITM 大楼”（爱媛县）竣工。

1995 年 54 岁 “八代广域消防本部厅舍”（熊本县）竣工。

1996 年 55 岁 “长冈歌词剧场”（Nagaoka Lyric Hall，新潟县）竣工。

1997 年 56 岁 “大馆树海体育馆”（秋田县）竣工。

1998 年 57 岁 “大馆树海体育馆”获得 1997 年度“艺术选赏文部大臣赏”。出版著作《中野本町之家》（『中野本町の家』，共著，住まいの図書出版局）

1999 年 58 岁 “大馆树海体育馆”获得第 55 届“日本艺术院赏”。“大社文化会馆”（岛根县）竣工。

2000 年 59 岁 “樱上水 K 邸”（东京）、“仙台媒体中心”（宫城县）竣工。出版著作《透层的建筑》（『透層する建築』，青土社）。

2002 年 61 岁 在英国伦敦的海德公园内，建造了临时的活动设施“蛇形画廊”（2002），限期向公众开放。“布鲁日展示厅”（比利时）竣工。

2003 年 62 岁 “仙台媒体中心”获得 2003 年度“日本建筑学会赏作品赏”。“港未来线元町·中华街站”（神奈川县）竣工。

2004 年 63 岁 “松本市民艺术馆”（长野县）、“TOD's 表参道大楼”（东京）竣工。

2005 年 64 岁 “福冈岛城中央公园”（福冈县）竣工。“MIKIMOTO 银座二号店”（东京）竣工。在长野松本市民艺术馆中上演剧目《费加罗的婚礼》的舞台装置设计完成。就任熊本艺术建筑（Kumamoto Artpolis）项目委员长。出版著作《道之家（给小孩子看的住宅之书 08）》（『みちの家（子どもたちに伝えたい家の本 08）』，Index・Communications）出版。

2006 年 65 岁 “冥想之森 市营火葬场”（岐阜县），“VivoCity”（新加坡）、“康纳克·杰伊医院”（法国）、“巴塞罗那 Gran Via 展览馆扩建计划”（西班牙）竣工。展览《伊东丰雄 建筑——新的现实》（「伊東豊雄　建築—新しいリアル」）于东京剧院城市艺术画廊（Tokyo Opera City Art Gallery）举行，获得英国皇家建筑师学会（RIBA）授予的皇家金奖（Royal Gold Medal）。“仙台媒体中心”获得“第 10 回公共建筑赏”（国土交通大臣表彰）文化设施部门。著作《伊东丰雄的 10 次

建筑探险》（『けんちく世界をめぐる10の冒険』，彰国社）出版。

2007 年 66 岁　“多摩美术大学图书馆（八王子）”（东京）竣工。

2008 年 67 岁　“座·高円寺”（东京）竣工。获得 2008 年度第六届“奥地利弗雷德里克·基斯勒建筑艺术奖”（The Austrian Frederick Kiesler Prize for Architecture and the Arts）。

2009 年 68 岁　“2009 年高雄世界运动会主体育场”（中国）竣工，获得马德里艺术协会（CBA）授予的金奖。

2010 年 69 岁　“TORRES PORTA FIRA”（西班牙）、“嘉茂园”（Belle Vue Residence）（新加坡）竣工。“伊东建筑塾 NPO 思考今后的建筑”（伊東建築塾　NPO これからの建築を考える）成立。获得 2009 年度“朝日赏”“第 23 回高松宫殿下纪念世界文化赏”。《NA 建筑家系列 伊东丰雄》（『NA 建築家シリーズ　伊東豊雄』，日经 BP 社）出版。

2011 年 70 岁　策划仙台宫城野区临时住宅基地内的“大家的家”（宫城县），并于同年竣工。“今治市伊东丰雄建筑博物馆”（爱媛县）竣工。和伊东建筑塾的成员们一起开始了在大三岛的活动。

在事务所成立 40 周年纪念庆典的开幕演出中，北岛三郎热情高唱《祭》（「まつり」），由事务所的员工们伴舞

2011 年 2 月 21 日 于“座·高円寺”

2012年71岁　任职釜石复兴总监。“釜石市商店街大家的家”“路前高田大家的家”（岩手县）竣工。同年，在意大利举办的威尼斯双年展中任职日本馆的总策展人，日本馆获得最佳国家馆金狮奖。撰写《在此处，建筑有无可能——第 13 届威尼斯双年展日本馆所示》（「ここに、建築は、可能か—第 13 回ヴェネツィア・ビエンナーレ日本館が意図したこと」）一文，并发表于《新建筑》杂志 10 月刊。参加新国立竞技场的“基本构想国际设计竞赛”，进入最终评选的 11 个方案中，后落选。著作《建筑的大转换》（『建築の大転換』，共著，筑摩书房）、《建筑，从那一天开始》（『あの日からの建築』，集英社）出版。

2013年72岁　获得普利兹克奖。“东松岛孩子的大家的家”“岩沼大家的家”（宫城县）、“釜石渔民大家的家”（岩手县）、“台湾大学社会科学部栋”（中国）竣工。“伊东建筑塾 惠比寿 studio”竣工，并作为公开讲座之类的活动据点开始运营。出版作品集《伊东丰雄的建筑 1 1971—2001》（『伊東豊雄の建築 1　1971—2001』，TOTO 出版）。

2014年73岁　“南洋理工大学学生宿舍”“CaptiaGreen”（新加坡）、“釜石大家的广场”（岩手县）竣工。出版作品集《伊东丰雄的建筑 2　2002—2014》（『伊東豊雄の建築 2　2002—2014』，TOTO 出版）。

2015年74岁　“大家的森林 岐阜媒体中心”（岐阜县）、“山梨学院大学国际博雅教育学部栋”（山梨县）、“相马孩子的大家的家”（福岛县）竣工。参加新国立竞技场的二次竞赛，以分毫之差再次落败。

2016 年 75 岁 “台中歌剧院”（中国）、“巴洛克国际博物馆”（墨西哥）、“南相马大家的游乐场”（福岛县）竣工。“大三岛大家的家”开始营业。出版作品集 *GA ARCHITECT TOYO ITO 2002-2016*（A. D. A. EDITA Tokyo）。出版著作《建筑改变日本》（『「建築」で日本を変える』，集英社）、《建筑、空间与流动性》[1]（『日本語の建築』，PHP 研究所）。

2017 年 76 岁 个人获得 UIA（国际建筑家联合会）授予的金奖。著作《冒险的建筑》（『冒険する建築』，左右社）出版

2018 年 77 岁 “川口市 巡回之森”（埼玉县）、“信每 Media Garden”（长野县）、“新青森县综合运动公园陆上竞技场”（青森县）竣工。被评选为“文化功劳者”[2]。著作《伊东丰雄 走向 21 世纪的建筑》（『伊東豊雄　21 世紀の建築をめざして』，X-Knowledge）出版。

2019 年 78 岁 1 月，因“脑干梗塞”入院，经过治疗后康复。12 月，前往大三岛为本书摄影。

译者注

1 此书原名《日本语的建筑》（『日本語の建築』），译成简体中文后，更名为《建筑、空间与流动性》，由华中科技大学出版社出版（2018）。

2 在日本，给那些对文化发展和提升有显著功绩的人颁发的大奖。

后记 · 素颜的巨匠

在去年夏天的一次访谈中，我认识了伊东先生。确切地说，这其实是我们第二次见面——前一次我还是东京大学建筑系的学生，躲在人群后面满怀期待，在讲座结束后去向伊东先生要新书签名的时候，不知道怎么说起了曼谷，伊东先生问我："你说，大象的速度到底是快，还是慢？好像走得很慢，但每个步子都迈得很大，也许时速比人要快很多吧？"我当时脑袋里一片空白，只傻傻地点了点头，心想，这位建筑大师真奇怪，好端端地怎么会在意起大象步行的速度来呢？也许这就是伊东先生的有趣之处吧，目光敏锐的建筑师，总是对世界有着奇特的解读。

那次的夏日访谈我准备了许久，将伊东先生出版的著作都翻阅了一遍，又在网络上反复观看他近期的几场讲座，害怕冷场，我甚至还投其所好地准备了几个笑话。一个小时的访谈进展得非常顺利。他说，能真正理解他建筑的人，少之又少，这次访谈令他非常高兴。

我当时想着这次或许是人生中唯一一次能和伊东先生进行的对话吧，趁着他高兴，便带着私心，将自己这几年对日本建筑的看法一股脑儿地讲给他听，试图从这位才华横溢的建筑师身上获得一些对未来的启示，在当代建筑一团乱麻的脉络中找到一个前进的方向。

然而，我作为一名日本建筑设计界的年轻职员，没什么话语权，对日本建筑界的观点也大多是消极的。事后想来，也许都称不上是观点，只是一名年轻人无谓的吐槽罢了。伊东先生竟也不恼，津津有味地听着，他问我："那你觉得 SANAA 如何？""不喜欢，只在表皮上用力。"我说。他听完哈哈大笑。

聊着聊着，发现我们都喜欢葡萄酒。伊东先生说，他有家很中意的店，有机会邀请我一起去。原本以为只是客套话，没想到在几天之后真收到了伊东先生的邀请。

正是在这第一次应邀和伊东先生一起吃饭的时候，他把这本书的日文版作为礼物送给了我。书装在他事务所的白色信封里，信封的左下角是 ito toyo 的 LOGO，他说，这本书我肯定没读过，因为是采访前一天才刚刚出版的。

——我问："都写了什么？"

——"一些小时候的事情。" 他淡淡地回答道。

——我翻到伊东先生 1 岁半的照片，看一眼书，看一眼本人。"怎么一点儿都不像？"他笑着回答："大家都说不像。"

——翻到小学时候照片，感觉和他本人像一点了，特别是眉眼。

——然后，是那张在菊竹清训事务所里用制图板认真画图的侧脸照。"伊东先生工作了两年就辞职了？" "不是的，四年呢。"他纠正我。

——再翻到事务所成立第一年的集体照，六七个人，都很年轻。他指着其中一名女生说："她现在还在事务所里工作。"然后指着边上另一名女生说："这是妹岛。" "伊东先生怎么不在照片里？"我问。"在呀。"他指着照片里站在后排一个高高瘦瘦的人说。头发长长的，带着方形的黑框眼镜，非常清秀。我凑近看，笑着说："这么长的头发，我以为是女孩子呢。"伊东先生年轻时和其他建筑师一起出行的照片里也是这样，头发长长的、卷卷的，不知道是烫过还是天生，刘海也长长的，几乎要盖住眼睛，很朋克的样子。"伊东先生年轻的时候是不是喜欢摇滚呀？"我随口一问。他说："没有啊，我喜欢古典音乐，喜欢肖邦和德彪西。"

……

这本书在日本出版的时候，从属于平凡社的一个丛书系列，名为“留下的言语”。在这个系列中，出版社邀请了各行各业中极有成就的年迈的大师，希望他们对自己的人生进行回顾，带有自传的性质。

这本书是伊东先生在住院期间完成的，他不会用电脑，由于生病的关系，也不能用手书写，所以，这是通过五次采访，由编辑整理完成的文字。因为是口述的缘故，文风极为平实，像是讲故事一样缓缓道来，也因此，文中掺夹着许多语气词——“真的很懊恼啊”“好不甘心啊”“那时候我们真是很过分呢”——让读着书的人也跟着他一起懊恼，一起充满斗志，一起为失去父亲的那个寒冷清晨黯然神伤，一起为吐槽前辈建筑师的快意哑然失笑……也一起为平静如镜的濑户内海之美屏息凝神，生怕一用力，这种美好就会在眼前散去……读着伊东先生的序言，我的眼泪止不住掉下来，但在翻译的时候，却怎么也译不出日语语境中那感人的氛围，怕无法将先生的真心完全传递给读者，感到十分绝望。

伊东先生写过很多有影响力的文章，但我想这本书与那些学术类的文章有着不同的价值——难能可贵地透露出他的真性情。他毫不避讳地说着自己的失败和困惑，说着自己走过的弯路和经历的种种不甘。然而，不可思议的是，褪下世界知名建筑师的光环，他反而显得更有魅力了。

我原本天真地以为伊东先生的事业一定是顺风顺水的。仙台媒体中心、岐阜媒体中心、多摩美术大学图书馆……我都去过，实际感受比照片上的要好太多了。几年前，看夕阳投射在岐阜媒体中心白色的“穹顶”上，我发着呆，觉得自己一辈子也设计不出这么好的建筑，几乎萌生出要放弃建筑工作的想法。

现在才知道，伊东先生 50 岁才拿到第一个公共项目，新国立竞技场设计屡战屡败，有建完就成了废墟的项目，也有深化了大半年又被取消提名的项目……糟心事也不比我们少，每一步都走得不容易。

伊东先生告诉我，不要害怕权威，不要被教条拴住步伐，不要获得一些荣誉便得意忘形，更不要遭受一些失败便气馁妥协……因为这些都不重要，重要的是：一定要做出好的建筑——那是建筑师忠于自己、从身体性深处迸发而出的建筑，而它一定会激发出使用者的共鸣，就像是作者从内心深处写就的文字，哪怕不够精美，也一定会与读者心意相通。

伊东先生今年（2021）正好 80 岁，就像大树一样的存在，岁月不仅未曾消减其风采，反而更添“苍劲雄浑”之美。

——“普利兹克奖、RIBA 金奖、威尼斯双年展金狮奖、日本建筑学会作品赏拿了好几次……”我掰着手指头，望着他说，“如果像伊东先生这样，所有的荣誉都得遍了，我实在想不到还有什么想做的事情，还有什么想要的东西。人生是完满的。”

——他笑了。“我的人生还有许多的遗憾、许多的不甘心呢，还有许多想做的事情。”稍沉吟，他补充道，“都是和建筑相关的。”

胡佳林

2021 年于东京

照片：
封面，p.005，pp.076-097
HELICO 藤塚 光政（FUJITSUKA Mitsumasa）
pp.018-019
伊藤トオル（Ito Toru）
pp.024-025
多木 浩二（Koji Taki）
pp.100-101
中村 绘（Kai Nakamura）

图书在版编目（CIP）数据

美的建筑使人汇聚：漫话我的建筑人生 /（日）伊东丰雄著；胡佳林，张天昊译 . -- 上海：同济大学出版社，2021.9
ISBN 978-7-5608-9906-0

Ⅰ . ①美… Ⅱ . ①伊… ②胡… ③张… Ⅲ . ①伊东丰雄－自传 Ⅳ . ① K833.136.16

中国版本图书馆 CIP 数据核字（2021）第 185206 号

美的建筑使人汇聚——漫话我的建筑人生
（日）伊东丰雄 著　　胡佳林 张天昊 译

责任编辑：武 蔚 | 责任校对：徐春莲 | 装帧设计：曾 增
出版发行　同济大学出版社 http://www.tongjipress.com.cn
　　地址：上海市四平路 1239 号　邮编：200092　电话：021-65985622
经　销　全国各地新华书店 建筑书店 网络书店
印　刷　上海雅昌艺术印刷有限公司
开　本　787mm×1092mm 1/32
印　张　3.75
字　数　84 000
版　次　2021 年 9 月第 1 版　2021 年 9 月第 1 次印刷
书　号　ISBN 978-7-5608-9906-0
定　价　55.00 元